BEI GRIN MACHT SICH IHR WISSEN BEZAHLT

- Wir veröffentlichen Ihre Hausarbeit, Bachelor- und Masterarbeit

- Ihr eigenes eBook und Buch - weltweit in allen wichtigen Shops

- Verdienen Sie an jedem Verkauf

Jetzt bei www.GRIN.com hochladen und kostenlos publizieren

Bibliografische Information der Deutschen Nationalbibliothek:

Die Deutsche Bibliothek verzeichnet diese Publikation in der Deutschen National-
bibliografie; detaillierte bibliografische Daten sind im Internet über http://dnb.d-
nb.de/ abrufbar.

Impressum:

Copyright © 2018 GRIN Verlag
Druck und Bindung: Books on Demand GmbH, Norderstedt Germany
ISBN: 9783346124715

Dieses Buch bei GRIN:

https://www.grin.com/document/520752

Anonym

Beweglichkeits- und Koordinationstraining. Erstellen eines Trainingsplans für eine Testperson

GRIN Verlag

GRIN - Your knowledge has value

Der GRIN Verlag publiziert seit 1998 wissenschaftliche Arbeiten von Studenten, Hochschullehrern und anderen Akademikern als eBook und gedrucktes Buch. Die Verlagswebsite www.grin.com ist die ideale Plattform zur Veröffentlichung von Hausarbeiten, Abschlussarbeiten, wissenschaftlichen Aufsätzen, Dissertationen und Fachbüchern.

Besuchen Sie uns im Internet:

http://www.grin.com/

http://www.facebook.com/grincom

http://www.twitter.com/grin_com

Deutsche Hochschule für
Prävention und Gesundheitsmanagement
Hermann Neuberger Sportschule 3
66123 Saarbrücken

Einsendeaufgabe

Fachmodul:	Trainingslehre 3
Datum .	
Präsenzphase:	10.12.2018 – 12.12.2018
Studienort:	**Stuttgart**
Semester:	**WS16**

Inhaltsverzeichnis

1   PERSONENDATEN 3

2   BEWEGLICHKEITSTESTUNG 4

3   TRAININGSPLANUNG BEWEGLICHKEITSTRAINING 6

4   TRAININGSPLANUNG KOORDINATIONSTRAINING 10

5   LITERATURRECHERCHE 13

6   LITERATURVERZEICHNIS 14

7   TABELLENVERZEICHNIS 15

1   Personendaten

Alter in Jahren	18
Geschlecht	Weiblich
Körpergröße in cm	162
Körpergewicht in kg	64
Trainingsmotive	Beweglichkeitserhaltung und -verbesserung Ausgleich zum Beruf/Studium
Berufliche Tätigkeit	Studentin Nebenjob als Bürohilfe
Aktuelle sportliche Aktivität	Fitness (Kraft, und Ausdauertraining) - 2-maliges Training pro Woche - Leistungsstufe: fortgeschritten
Frühere sportliche Aktivität	Tanzen - 2- bis 3-maliges Training pro Woche - Leistungsstufe: fortgeschritten
Zeitlicher Verfügungsrahmen	bis zu 5-maliges Training pro Woche möglich
Allgemeiner Gesundheitszustand	sehr gut; ohne orthopädische oder internisti-sche Probleme, keine ärztliche Behandlungen, keine einzunehmenden Medikamente
Sonstige Gesundheitliche Einschränkungen	keine gesundheitlichen Einschränkungen

Die Testperson ist auf Grund ihres jungen Alters und dem sehr guten allgemeinen Gesundheitszustandes, als uneingeschränkt belastbar einzustufen. Durch keine sonstigen gesundheitlichen Einschränkungen und einer fortgeschrittenen Leistungsstufe im Bereich Fitness, sowie der früheren Aktivität Tanzen auf fortgeschrittener Leistungsstufe weißt die Probandin eine sehr gute Trainierbarkeit auf.

2 Beweglichkeitstestung

Im Folgenden werden die Ausführung sowie die Normwerte des Beweglichkeitstests dargestellt. Die Normwerte aller Testungen werden in Stufen dargestellt. Bei Stufe 0 liegen keine Beweglichkeitsdefizite vor, bei Stufe 1 liegen leichte Beweglichkeitsdefizite vor und bei Stufe 2 liegen deutliche Beweglichkeitsdefizite vor.

Tab. 2: Ausführung und Normwerte des manuellen Beweglichkeitstests

Muskulatur	Testausführung	Normwerte
Brust	Die Testperson legt sich in Rückenlage und mit angewinkelten Beinen an den seitlichen Rand einer Behandlungsliege, wobei ein Arm überhängt. Dieser wird im Schultergelenk abduziert und außenrotiert. Der Messbereich ist die Position des Oberarms zur Horizontalen. Um eine Manipulation der Testergebnisse zu vermeiden, müssen die Becken- und Lendenwirbelsäule stets fixiert bleiben.	Stufe 0: Oberarm erreicht Horizontale ohne Druck des Testers (mit Druck, darunter) Stufe 1: Oberarm erreicht die Horizontale durch leichten Druck des Testers Stufe 2: Oberarm erreicht die Horizontale durch Druck des Testers nicht
Hüftbeuger	Die Testperson legt sich in Rückenlage und mit überhängenden Beinen an den vorderen Rand einer Behandlungsliege, wobei das Gesäß mit dem Rand der Liege abschließt .Ein Bein wird maximal weit zum Körper herangezogen. Es wird die Hüftflexion des überhängenden Beines beobachtet. Der Messbereich ist die Position des Oberschenkels im Verhältnis zur Körperlängenachse. Um eine Manipulation der Testergebnisse zu vermeiden, müssen die Becken- und Lendenwirbelsäule stets fixiert bleiben.	Stufe 0: Oberschenkel erreicht Horizontale ohne Druck des Testers (mit Druck, darunter) Stufe 1: Oberschenkel erreicht die Horizontale durch leichten Druck des Testers Stufe 2: Oberschenkel erreicht die Horizontale durch Druck des Testers nicht
Kniestrecker	Die Testperson legt sich in Rückenlage und mit überhängenden Beinen an den vorderen Rand einer Behandlungsliege, wobei das Gesäß mit dem Rand der Liege abschließt .Ein Bein wird maximal weit zum Körper herangezogen. Der Tester fixiert das Gegenbein im maximalen Hüftextensionswinkel und führt dieses in den maximalen Kniebeugewinkel. Der Messbereich ist der Kniebeugewinkel zwischen Ober- und Unterschenkel. Um eine Manipulation der Testergebnisse zu vermeiden, müssen die Becken- und Lendenwirbelsäule stets fixiert bleiben.	Stufe 0: Unterschenkel hängt senkrecht ab ohne Druck des Testers (mit Druck, vergrößerter Kniebeugewinkel) Stufe 1: Unterschenkel hängt senkrecht ab durch leichten Druck des Testers Stufe 2: Unterschenkel hängt nicht senkrecht ab, selbst durch Druck des Testers nicht
Kniebeuge	Die Testperson legt sich in Rückenlage auf eine Behandlungsliege, wobei ein Bein im	Stufe 0: Flexion des Hüftge-

	Hüft- und im Kniegelenk gebeugt ist. Das zu testende Bein wird mit gestrecktem Kniege-lenk durch den Tester in eine maximale Hüft-flexion geführt. Der Messbereich ist der Hüft-beugewinkel zwischen Beinachse und der Longitudinalachse. Um eine Manipulation der Testergebnisse zu vermeiden, müssen die Becken- und Len-denwirbelsäule fixiert werden. Außerdem wird beachtet, dass das zu testende Bein immer gestreckt sein muss und das andere Bein nicht die Ausgangslage verlässt.	lenks bis 90° möglich Stufe 1: Flexion des Hüftge-lenks bis 80-90° möglich Stufe 2: Flexion des Hüftge-lenks lediglich unter 80° möglich
Waden	Die Testperson legt sich in Rückenlage auf eine Behandlungsliege, wobei ein Bein ge-beugt mit dem Fuß auf der Unterlage steht. Der Unterschenkel des zu testenden Beines ragt über das Ende der liege hinaus. Der Tester legt die eine Hand an der Ferse an und die andere Hand an der Außenkante des Fußes. Der Hauptzug wird an der Ferse aus-geführt, mit der anderen Hand wird der Fuß in Richtung des Schienbeins gedrückt. Der Messbereich ist der Winkel zwischen Fuß und Unterschenkel. Um eine Manipulation der Testergebnisse zu vermeiden, müssen der Zug an der Ferse und der Druck zum Schienbein am Außen-rand des Fußes erfolgen.	Stufe 0: Dorsalextension bis mindestens 0°-Stellung möglich Stufe 1: Dorsalextension möglich, 0°-Stellung nicht erreicht Stufe 2: Dorsalextension lediglich bis 10° unterhalb der 0°-Stellung möglich

Abschließend werden die Testergebnisse der Probandin präsentiert und anhand der oben beschriebenen Normwerte bewertet und interpretiert.

Tab. 3: Darstellung der Testergebnisse der Probandin

Muskulatur	Bewertung	Interpretation
Brust	rechts: Stufe 0 links: Stufe 0	Aufgrund der Einstufungen aller Testübungen wird deutlich, dass die Testperson lediglich in der Kniebeugemuskulatur ein leichtes Beweglichkeitsdefizit aufweist. In den verblei-benden Testübungen wurde kein Beweglichkeitsdefizit fest-gestellt. Daraus kann man schließen, dass die Probandin durch den Ausgleich der sitzenden Tätigkeiten mit Fitness ein Beweglichkeitsdefizit in der Hüftbeugemuskulatur aus-schließen konnte. In der Trainingsplanung muss demnach kein gezielter Fokus auf eine Muskelgruppe gelegt werden, sondern lediglich eine allgemeine Verbesserung der Be-weglichkeit in den Vordergrund gerückt werden.
Hüftbeuger	rechts: Stufe 0 links: Stufe 0	
Kniestrecker	rechts: Stufe 0 links: Stufe 0	
Kniebeuger	rechts: Stufe 1 links: Stufe 1	
Waden	rechts: Stufe 0 links: Stufe 0	

3 Trainingsplanung Beweglichkeitstraining

Tab. 4: Trainingsplan für das Beweglichkeitstraining

Dehnübung	Durchführung	Dehnmethode	Zielmuskulatur
Waden-muskulatur	Die Ausgangsposition ist der hüftbreite Stand, wobei ein Bein gestreckt nach hinten und mit der kompletten Fußsohle auf den Boden aufgesetzt wird. Das vordere Kniegelenk sowie der Oberkörper werden gebeugt. Das hintere Bein bildet mit dem Oberkörper eine Linie. Beide Füße zeigen parallel nach vorne. Durch eine weitere Beugung im vorderen Bein und der folgenden Verlagerung des Körperschwerpunktes vertikal nach vorne und unten wird die Dorsalextension im hinteren Bein vergrößert und die Dehnposition passiv eingenommen. Das vordere Bein wird im Wechsel leicht gestreckt und wieder gebeugt. Die Dehnposition wird dadurch dynamisch immer wieder gelöst und erneut eingenommen.	dynamisch passiv	M. gastrocnemius M. soleus
Vorderseitige Oberschenkel-muskulatur	Die Ausgangsposition ist die Seitenlage, wobei ein Arm in der Verlängerung des Oberkörpers auf dem Boden gestreckt wird. Der Kopf wird darauf abgelegt und das untere Bein wird gestreckt. Das obere Bein wird im Kniegelenk gebeugt und mit dem oberen Arm in Richtung Gesäß gezogen, dabei muss der Fuß jedoch frei bleiben. Die Einnahme der Dehnposition erfolgt über ein aktives Abkippen im Becken. Beide Oberschenkel bleiben parallel zueinander und zum Boden. Die Position wird statisch gehalten.	statisch aktiv	M. quadriceps femoris
Rückseitige Oberschenkel-muskulatur	Die Ausgangsposition ist die Rückenlage, wobei ein Bein im Kniegelenk angewinkelt und mit dem Fuß auf dem Boden aufgesetzt wird. Das andere Bein wird mit beiden Händen an der Oberschenkelrückseite zum Oberkörper gezogen. Die Einnahme der Dehnposition erfolgt über eine aktive Kontraktion des Antagonisten des zweiköpfigen Oberschenkelmuskels, der das Kniegelenk soweit wie möglich streckt. Die Position wird statisch gehalten.	statisch aktiv	M. biceps femoris M. semimembronosus M. semitendinosus
Hüftbeuge-	Die Ausgangsposition ist der Knie-	dynamisch	M. iliopsoas

muskulatur	stand, wobei ein Bein vor dem Körper auf dem ganzen Fuß abgestellt und das andere Bein mit dem Knie und dem Unterschenkel auf dem Boden aufgelegt wird. Das vordere Bein wird im Kniegelenk gebeugt, dass der Fuß vor dem Knie steht. Der Oberkörper wird mit den Händen auf dem vorderen Bein abgestützt und während der gesamten Bewegung aufrecht gehalten. Die Einnahme der Dehnposition erfolgt über eine aktive Kontraktion des Antagonisten des Lendendarmbeinmuskels, der die Hüfte streckt und den Körperschwerpunkt nach vorne unten verlagert. Der Körperschwerpunkt wird abwechselnd nach hinten oben und wieder nach vorne unten verlagert. Die Dehnposition wird dadurch dynamisch immer wieder gelöst und erneut eingenommen.	aktiv	M. rectus femoris
Brust-muskulatur	Die Ausgangsposition ist ein leichter Ausfallschritt, wobei er parallel zu einer Wand steht. Der Oberarm und der im rechten Winkel stehende Unterarm werden an einer Wand angelegt. Da es sich um eine postisometrische Dehnmethode handelt, wird eine leichte Dehnposition eingenommen. Der M. pectoralis major wird anschließend über sechs bis zehn Sekunden isometrisch kontrahiert und daraufhin für zwei bis drei Sekunden völlig entspannt. Die Dehnposition wird im Anschluss mit deutlich spürbaren Dehnreiz passiv über ein Abdrehen des Oberkörpers entgegen der Kontraktionsrichtung des M. pectoralis majors. Diese Position wird für ca. 10-20 Sekunden statisch gehalten. Die postisometrische Dehnung wird im Zeitraum von ca. 60 Sekunden wiederholt.	postisometrisch passiv	M. pectoralis major M. biceps brachii M. deltoideus pars clavicularis
Nacken-muskulatur	Die Ausgangsposition ist der hüftbreite Stand, wobei der Kopf zur Seite geneigt wird. Die Blickrichtung bleibt jedoch nach vorne gerichtet. Die Einnahme der Dehnposition erfolgt über einen aktiven Zug der zur Kopfneigung gegenüberliegenden Schulter nach unten. Die Dehnposition wird statisch gehalten.	statisch aktiv	M. trapezius pars descendens
Hintere Schulter-muskulatur	Die Ausgangsposition ist der hüftbreite Stand, wobei ein Arm mit gebeugten Ellbogengelenk vom Körper abgespreizt und in Schulterhöhe vor dem Körper fixiert wird. Dabei liegt die Hand über der Schulter der anderen Seite. Die Einnahme der Dehn-	statisch passiv	M. deltoideus pars spinata M. trapezius pars transversa Mm. rhomboidei

	position erfolgt über einen Druck der freien Hand auf den Ellbogen. Dadurch wird der angewinkelte Arm in Richtung des Körpers geschoben. Die Dehnposition wird statisch gehalten.		
Rücken-strecker	Die Ausgangsposition ist der Vierfüßlerstand. Die Einnahme der Dehnposition erfolgt eine aktive Anspannung der Bauchmuskulatur und eine Wölbung der Wirbelsäule im Rahmen ihres physiologischen Bewegungsspielraumes. Die Bauchspannung wird abwechselnd gelöst und angespannt, dadurch wird die Wirbelsäule nach unten hin gestreckt und wieder nach oben gewölbt. Die Dehnposition wird dadurch dynamisch immer wieder gelöst und erneut eingenommen.	dynamisch aktiv	Mm. erector spinae
Seitliche Rumpf-muskulatur	Die Ausgangsposition ist ein schulterbreiter Stand, wobei die gestreckten Arme maximal weit vom Körper abgespreizt und verschränkt nach oben über den Kopf geführt werden. Dabei bleibt der Brustkorb aufgerichtet. Die Einnahme der Dehnposition erfolgt über eine Seitneigung des Oberkörpers bei gerader Beckenachse. Durch einen aktiven Zug nach oben an den zur Beugerichtung gegenüberliegenden Arm wir die Dehnung verstärkt. Der Oberkörper wird abwechselnd leicht zur Körpermittellinie bewegt und der Zug am Arm etwas verringert und anschließend wird der Oberkörper wieder zur Seite geneigt und der aktive Zug im Arm nach oben verstärkt. Die Dehnposition wird dadurch dynamisch immer wieder gelöst und erneut eingenommen.	dynamisch aktiv	M. latissimus dorsi M. obliquus externus abdominis M. obliquus internus abdominis
Rückseitige Oberarm-muskulatur	Die Ausgangsposition ist der hüftbreite Stand, wobei ein Arm mit maximal gebeugten Ellbogengelenk seitlich neben dem Kopf fixiert wird. Die Hand wird dabei zwischen dem gleichseitigen Schulterblatt oder zwischen den Schulterblättern aufgelegt. Der Blick ist während der Übung immer nach vorne gerichtet. Die Einnahme der Dehnposition erfolgt über einen Zug mit der anderen Hand am Ellbogen in Richtung Körpermitte. Die Dehnposition wird statisch gehalten.	statisch passiv	M. triceps brachii

Bei jeglichen statischen Dehnungsübungen wird die Dehnungsdauer 45 Sekunden betragen, um eine gezielte Verbesserung der Beweglichkeit zu gewährleisten (Freiwald, 2000). Bei dynamischen Übungen wird eine Wiederholungszahl von 10 maximalen Dehnungen anvisiert, da dadurch eine Steigerung der Bewegungsreichweite erzielt werden kann (Glück, 2005). Bei der postisometrischen Dehnung wird die Dauer der Dehnung über einen Zeitraum von 60 Sekunden durchgeführt, welches einer Wiederholung von zwei bis drei Mal entspricht (Hohmann, Lames, & Letzelter, 2002, S. 100). Die Dehnintensität aller Übungen wird aufgrund der größtmöglichen Effekte knapp oberhalb der Dehngrenze stattfinden. Allerdings wird auf mehr Effektivität durch eine Dehnung an der maximalen Bewegungsreichweite verzichtet, um den pädagogischen Wert des Trainings und der Trainingsbetreuung beizubehalten (Schönthaler & Ohlendorf, 2002). Bei der Anzahl an Sätzen werden drei ausreichend sein, um eine Überbelastung der Probandin zu verhindern. Bei der Trainingshäufigkeit pro Woche liegt die Kundin durch einen Verfügbarkeitsrahmen von bis zu fünfmal die Woche am Rande eines möglichen Optimalprogramms. Es wird jedoch anstatt täglichen Dehneinheiten auf fünf Einheiten reduziert, wobei die Satzzahl, sowie die Dehndauer immer noch im Rahmen des Optimalprogramms bleiben (Rancour, Holmes, & Cipriani, 2009). Die Kundin kann durch dieses gezielte Dehntraining nicht nur ihre Beweglichkeit erhalten, sondern sie kann diese verbessern unabhängig von der vollzogenen Dehnmethode (Schönthaler & Ohlendorf, 2002, S. 29). Eine spezialisierte Dehnmethode für nur eine Zielgruppe zu absolvieren ist ohnehin nicht möglich, deshalb wurde im Plan der Kundin auf eine ausgewogene Methodik wert gelegt. Nichtsdestotrotz wurde die Auswahl der Trainingsmethoden auf Basis des Alters, den Erfahrungen mit Dehnungen und des Leistungszustandes, welcher durch den Test bestimmt werden konnte. Durch ein sehr junges Alter und einen guten aktuellen Leistungszustand konnte demnach ein anspruchsvolleres Trainingskonzept erstellt werden (Olivier, Marschall, & Büsch, 2008).

4   Trainingsplanung Koordinationstraining

Tab. 5: Trainingsplan für das Koordinationstraining

Übung	Übungsbeschreibung
Linienstand mit ge-schlossenen Augen	Die Ausgangsposition ist der hüftbreite Stand, wobei ein Fuß vor den anderen gestellt wird. Die Arme werden zur Front bis auf Höhe der Schultern angehoben. Das Gewicht wird gleichmäßig auf beiden Füßen verteilt und gehalten. Nach der Einnahme der Ausgangsposition werden die Augen geschlossen und die Position statisch über einen Zeitraum von 45 Sekunden gehalten. Die Übung wird pro Seite jeweils drei Mal wiederholt.
Einbeinstand mit geschlossenen Augen auf Balancepad	Die Ausgangsposition ist der hüftbreite Stand auf einem Balancepad. Dabei werden die Arme zur Front bis auf Höhe der Schultern angehoben und das Gewicht gleichmäßig auf beiden Füßen verteilt und gehalten. Ein Bein wird angewinkelt und bis auf Hüfthöhe angehoben, die Zehenspitze wird nach oben gezogen und die Augen werden geschossen. Die Ausgangsposition wird statisch über einen Zeitraum von 45 Sekunden gehalten. Die Übung wird pro Seite jeweils zwei Mal wiederholt.
Standwaage	Die Ausgangsposition ist der hüftbreite Stand. Das Körpergewicht wird auf ein Bein verlagert und das andere Bein auf Hüfthöhe gestreckt angehoben. Der Oberkörper wird nach vorne gebeugt und bildet mit dem Spielbein eine waagrechte Linie. Die Arme werden ebenso in die Waagrechte nach oben angehoben. Die Ausgangsposition wird statisch für 30 Sekunden gehalten. Die Übung wird pro Seite jeweils zwei Mal wiederholt.
Kniestand auf Pezziball	Die Ausgangsposition ist der Kniestand auf einem Pezziball. Dabei wird empfohlen sich zu Beginn etwas abzustützen, da es sich um eine komplizierte statische Übung handelt. Es wird über die Rumpfspannung und einem aufrechten Oberkörper für Gleichgewicht gesorgt. Die Position wird statisch für 30 Sekunden gehalten. Die Übung wird insgesamt zwei Mal durchgeführt.
Oberkörperrotation im beidbeinigen Stand auf Therapie-kreisel	Die Ausgangsposition ist der hüftbreite Stand auf einem Therapiekreisel. Dabei wird ein Pezziball mit beiden Händen und ausgestreckten Armen auf Höhe des Brustbeins gehalten. Der Oberkörper beginnt in einer aufrechten und geraden Position. Die Übung beginnt mit einer Rotation der Wirbelsäule nach rechts. Die Hüfte muss durch Rumpfspannung stabilisiert werden. Anschließend wird die Ausgangsposition wieder eingenommen. Die Übung wird dynamisch zwölf Mal pro Seite wiederholt. Insgesamt werden pro Seite zwei Sätze durchgeführt.
Kniebeugen mit Armanteversion auf Balancepad	Die Ausgangsposition ist der hüftbreite Stand auf einem Balancepad. Dabei wird ein Pezziball mit beiden Händen und ausgestreckten Armen auf Höhe des Brustbeins gehalten. Der Oberkörper beginnt in einer aufrechten und geraden Position. Die Probandin beginnt mit den Kniebeugen und schiebt das Gesäß nach hinten und beugt den Oberkörper nach vorne. Dabei werden die Arme gestreckt nach oben bewegt. Anschließend wird die Ausgangsposition wieder eingenommen. Die Übung wird dynamisch 20 Mal wiederholt und in drei Sätzen durchgeführt.
Achterschwingen im	Die Ausgangsposition ist der Einbeinstand auf einem Balancepad,

Einbeinstand mit gegengleichen Armschwingen auf Balancepad	wobei ein Bein gestreckt nach vorne bewegt wird. Das Bein schwingt vor dem Körper eine Acht. Die Arme schwingen dabei gegengleich neben dem Körper. Dabei wird die Rumpfspannung gehalten und das Gewicht weiterhin gleichmäßig auf dem Standbein verteilt. Das Spielbein schwingt in einem moderaten Tempo für 45 Sekunden und pro Seite jeweils zwei Mal.
Diagonales Knie zum Ellbogen im Einbeinstand	Die Ausgangsposition ist der Einbeinstand, wobei ein Bein gestreckt hinter den Körper bewegt wird. Der entgegengesetzte Arm wird nach oben hin gestreckt. Das Spielbein wird angewinkelt und bis auf Höhe der Hüfte nach vorne und oben angehoben. Gleichzeitig wird der Spielarm in Richtung des Spielbeines bewegt, dass der Ellbogen den Oberschenkel berühren kann. Anschließend wird die Ausgangsposition wieder eingenommen. Die Übung wird dynamisch 12 Mal wiederholt. Insgesamt werden zwei Sätze pro Übung durchgeführt.
Ausfallschritt auf Therapiekreisel mit Armstreckung nach oben	Die Ausgangsposition ist der hüftbreite Stand. Die Probandin führt einen Ausfallschritt nach vorne auf einen Therapiekreisel durch. Sie verharrt für drei Sekunden in der Position und beugt das hintere Knie bis zum 90°-Winkel. Anschließend wird das hintere Knie wieder gestreckt. Die Übung wird dynamisch wiederholt. Anschließend wird die Ausgangsposition wieder eingenommen und die Übung auf der anderen Seite wiederholt. Die Übung wird dynamisch 12 Mal wiederholt und pro Seite werden zwei Sätze durchgeführt.
Einbeinstand auf Therapiekreisel mit Ballwurf nach oben	Die Ausgangsposition ist der hüftbreite Stand auf einem Therapiekreisel. Ein Bein wird angewinkelt und bis auf Höhe der Hüfte nach oben angezogen. Es wird ein Ball in den Händen gehalten, welcher selbstständig nach oben geworfen und anschließend wieder aufgefangen wird. Dabei wird das Bein immer auf Hüfthöhe gehalten. Der Ball wird immer wieder nach oben geworfen und wieder aufgefangen. Der Ball wird insgesamt 20 Mal geworfen. Ebenso werden pro Bein jeweils 2 Sätze durchgeführt.

Die Probandin trainiert ihre Koordination zwei bis drei Mal pro Woche. Die Satzpausen zwischen den einzelnen Übungssätzen betragen stets 60 – 90 Sekunden um eine vollständige Regeneration wieder herzustellen. Das Training findet im ausgeruhten Zustand und über einen maximalen Zeitraum von 15 Minuten statt, da es sich beim Koordinationstraining um ein sehr intensives Training handelt. Da die Koordination das Zusammenwirken von Zentralnervensystem und der Skelettmuskulatur innerhalb eines gezielten Bewegungsablaufes beschreibt (Hollmann & Hettinger, 2000). Im Trainingsplan wurde vor allem der Bezug zum Gleichgewicht hergestellt, welches zu den koordinativen Fähigkeiten zählt, die die Grundlage für ein schnelleres Erlernen von Bewegungen und Handlungen darstellt (Hirtz, 2007). Ebenso wurde der Trainingsplan auf Basis der Schwierigkeitsprogression erstellt, welcher eine Steigerung von leichten zum schweren sowie von statischen zu dynamischen Übungen vorsieht. Dabei wurden außerdem verschiedensten Druckbedingungen in die Übungen integriert um verschiedenste Einzelanforderungen zu schaffen, die die Probandin zu bewältigen hat (Neumaier & Mechling, 1994). Dabei konnte ebenso eine erschwerte Übungsauswahl erfolgen, da die Kundin zum einen sehr jung ist und zum anderen keinerlei gesundheitliche Einschränkungen hat.

5   Literaturrecherche

Tab. 6: Wissenschaftliche Studien über die Effekte des Dehnens auf eine Verletzungsprophylaxe

Titel der Studien	A prospective study on the management of shin splits (Andrish, Bergfeld, & Walheim, 1974)	Effects of a static stretch program on the incidence of lower extremity musculotendinous strains (Cross & Worrell, 1999)
Wer hat die Studien durchgeführt?	Andrish J.T. Bergfeld T.A. Walheim J.	Cross K.M. Worrell T.W.
In welchem Jahr wurden die Studien publiziert?	1974	1999
Mit welchen Versuchspersonen wurde die Studie durchgeführt?	Versuchsgruppe: 1324 Rekruten Kontrollgruppe: 1453 Rekruten	195 College-Footballspieler
Wie sah der Versuchsaufbau der Studien aus?	Vier verschiedene Treatments: 1. Fersendämpfung 2. 3 x tägl. 3 min Dehnen der Wadenmuskeln 3. 1. und 2. Treatment 4. 2 Wochen vorbereitendes Laufen, Sommertraining, 2 Jahre	1. Saison ohne Dehnen 2. Saison mit 6 min Dehnen der Beinmuskeln
Welche relevanten Ergebnisse und Schlussfolgerungen lieferten die Studien?	Es wurden 97 Knochenhautreizungen am Schienbein diagnostiziert, Unterschiede zwischen den beiden Gruppen wurden keine festgestellt. Allerdings wurden bei der Versuchsgruppe keine Muskelzerrungen diagnostiziert.	In der 1. Saison wurden 155 Verletzungen diagnostiziert, davon 43 (27,7%) Muskelsehnenzerrungen. In der 2. Saison wurden 153 Verletzungen diagnostiziert, davon 21 (13,7%) Muskelsehnenzerrungen. Die Anzahl der Muskelsehnenzerrungen wurde daher durch das Dehnen reduziert.

6 Literaturverzeichnis

Andrish, J., Bergfeld, T., & Walheim, J. (1974). *A prospective study on the management of shin splits.* J.Bone. Joint. Surg. 56-A, 1697-1700.

Cross, K., & Worrell, T. (1999). *Effects of a static stretching program on the incidence of lower extremity musculotendinous strains.* J. Athl- Train., 34, 11-14.

Freiwald, J. (2000). Dehnen im Sport und in der Therapie. *Die Säule, 4 (1)*, S. 28-33.

Glück, S. (2005). *Beeinflussung der Beweglichkeit durch unterschiedliche physische und psychische Einwirkungen.* Dissertation, Universität des Saarlandes. Saarbrücken.

Hirtz, P. (2007). Koordinative Fähigkeiten und Beweglichkeit. In K. Meinel, G. Schnabel, & J. Krug, *Bewegungslehre - Sportmotorik. Abriss einer Theorie der sportlichen Motorik unter pädagogischen Aspekt (11. Aufl., S. 212-242).* Aachen: Meyer & Meyer.

Hohmann, A., Lames, M., & Letzelter, M. (2002). *Einführung in die Trainingswissenschaft.* Wiebelsheim: Limpert.

Hollmann, W., & Hettinger, T. (2000). *Sportmedizin. Grundlagen für Arbeit Training und Präventivmedizin (4.Aufl.).* Stuttgart: Schattauer.

Neumaier, A., & Mechling, H. (1994). Taugt das Konzept "koordinativer Fähigkeiten" als Grundlage für sportartspezifisches Koordinationstraining? In P. Blaser, K. Witte, & C. Stucke, *Steuer- und Regelvorgänge der menschlichen Motorik* (S. 93-105). Sankt Augustin: Academia.

Olivier, N., Marschall, F., & Büsch, D. (2008). *Grundlagen der Trainingswissenschaft und -lehre.* Schorndorf: Hofmann.

Rancour, J., Holmes, C., & Cipriani, D. (2009). The effects of intermittent stretching following a 4.week static stretching protocol: a randomized trial. *Journal of strength and conditioning research / Natiaonal Strenght & Conditioning Association, 23 (8)*, S. 2217-2222.

Schönthaler, S., & Ohlendorf, K. (2002). *Biomechanische und neurophysiologische Veränderungen nach ein- und mehrfach seriellem passiv-statischem Beweglichkeitstraining (Wissenschaftliche Berichte und Materialien / Bundesinstitut für Sportwissenschaft, 1. Aufl.).* Köln: Sport und Buch Strauß.

7 Tabellenverzeichnis

Tab. 1: Allgemeine Daten der Probandin 3

Tab. 2: Ausführung und Normwerte des manuellen Beweglichkeitstests 4

Tab. 3: Darstellung der Testergebnisse der Probandin 5

Tab. 4: Trainingsplan für das Beweglichkeitstraining 6

Tab. 5: Trainingsplan für das Koordinationstraining 10

Tab. 6: Wissenschaftliche Studien über die Effekte des Dehnens auf eine

Verletzungsprophylaxe 13